DOSSIERS SUR LES REQUINS

LES REQUINS-BOULEDOGUES

Julie K. Lundgren

Un livre de la collection
Les jeunes plantes de Crabtree

TABLE DES MATIÈRES

CRABTREE
Publishing Company
www.crabtreebooks.com

Soutien de l'école à la maison pour les parents, les gardiens et les enseignants

Ce livre aide les enfants à se développer grâce à la pratique de la lecture. Voici quelques exemples de questions pour aider le lecteur ou la lectrice à développer ses capacités de compréhension. Les suggestions de réponses sont indiquées en rouge.

Avant la lecture

- De quoi ce livre parle-t-il?
  - *Je pense que ce livre parle des requins-bouledogues.*
  - *Je pense que les requins-bouledogues sont très gros.*

- Qu'est-ce que je veux apprendre sur ce sujet?
  - *Je veux savoir pourquoi les requins mordent les gens.*
  - *Je veux savoir de quelle taille sont les requins-bouledogues.*

Pendant la lecture

- Je me demande pourquoi...
  - *Je me demande pourquoi les requins-bouledogues chassent jour et nuit.*
  - *Je veux savoir pourquoi les rémoras nettoient les requins-bouledogues.*

- Qu'est-ce que j'ai appris jusqu'à présent?
  - *J'ai appris que les requins-bouledogues peuvent vivre dans l'eau salée et l'eau douce.*
  - *J'ai appris que les requins-bouledogues vivent principalement dans l'eau salée près des terres.*

Après la lecture

- Nomme quelques détails que tu as retenus.
  - *J'ai appris que les rivières et les lacs d'eau douce ne sont pas salés comme les océans.*
  - *J'ai appris que les jeunes requins-bouledogues s'appellent des requineaux.*

- Lis le livre à nouveau et cherche les mots de vocabulaire.
  - *Je vois le mot* ***rémoras*** *à la page 16 et le mot* ***corpulents*** *à la page 8. Les autres mots du glossaire se trouvent aux pages 22 et 23.*

LE REQUIN-BOULEDOGUE

Scronch! Croque! Clac!

Les requins-bouledogues affamés chassent jour et nuit.

Les requins-bouledogues mangent des poissons et des **raies**.

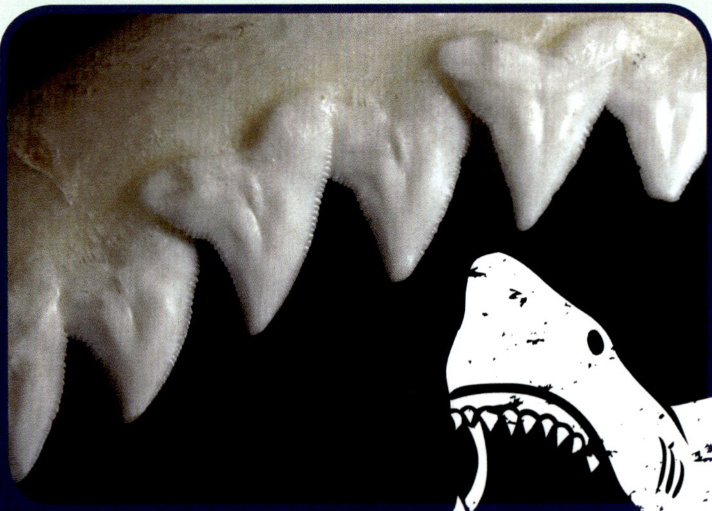

INFO AU DOSSIER

Les requins ont des rangées de **dents** acérées.

Les requins-bouledogues sont **corpulents** comme des bouledogues.

INFO AU DOSSIER

Leurs petits sont appelés des requineaux.

Les requins-bouledogues pèsent 200 à 500 livres (90 à 227 kg).

Ils vivent dans l'**eau salée** près des terres.

Contrairement aux autres requins, ils peuvent aussi vivre dans l’**eau douce**.

Les **rémoras** nettoient les requins-bouledogues.

Les rémoras mangent les petits morceaux de nourriture collés sur le corps du requin.

Une fois bien propres, les requins-bouledogues retournent à la chasse.